PATINETAS

en acción

John Crossingham

Fotografías de Marc Crabtree

Ilustraciones de Bonna Rouse

 Crabtree Publishing Company

www.crabtreebooks.com

Serie creada por Bobbie Kalman

Dedicada por John Crossingham
Para Chris Mills, quien hace un excelente té

Editora en jefe
Bobbie Kalman

Autor
John Crossingham

Editora de proyecto
Amanda Bishop

Editoras
Niki Walker
Kathryn Smithyman

Revisora y correctora de estilo
Jaimie Nathan

Director artístico
Robert MacGregor

Diseño de portada y página de título
Campbell Creative Services

Diseño por computadora
Margaret Amy Reiach

Coordinación de producción
Heather Fitzpatrick

Investigación fotográfica
Heather Fitzpatrick
Jaimie Nathan

Consultor
Dallas Green

Consultora lingüística
Zuly Fuentes, Maestra bilingüe, St. Thomas University

Agradecimiento especial a
Mike Carr, Mike Armstrong, Ryan Brown,
Phil Shore y Shred Central Skatepark

Fotografías
Marc Crabtree: portada, contraportada, páginas 5, 6,
10, 12-15, 17, 20, 21-25, 26 (pie de página), 27, 28, 31
Otras imágenes de Corbis Images y Digital Stock

Ilustraciones
Todas las ilustraciones son de Bonna Rouse, excepto las siguientes:
Margaret Amy Reiach: borde, títulos de capítulos
Trevor Morgan: página 6

Traducción
Servicios de traducción al español y de composición
de textos suministrados por translations.com

Crabtree Publishing Company

www.crabtreebooks.com   1-800-387-7650

Cataloging-in-Publication Data
Crossingham, John, 1974-
    [Skateboarding in action. Spanish]
    Patinetas en acción / John Crossingham.
       p. cm. -- (Deportes en acción)
    Includes index.
    ISBN-13: 978-0-7787-8574-3 (rlb)
    ISBN-10: 0-7787-8574-2 (rlb)
    ISBN-13: 978-0-7787-8620-7 (pb)
    ISBN-10: 0-7787-8620-X (pb)
    1. Skateboarding--Juvenile literature. [1. Skateboarding.] I. Title. II.Series.
    GV859.8.C7618 2005
    796.22--dc22
                                                                    2005014791
                                                                    LC

Publicado en los Estados Unidos
PMB16A
350 Fifth Ave.
Suite 3308
New York, NY
10118

Publicado en Canadá
616 Welland Ave.,
St. Catharines, Ontario
Canadá
L2M 5V6

Publicado en el Reino Unido
73 Lime Walk
Headington
Oxford
OX3 7AD
Reino Unido

Publicado en Australia
386 Mt. Alexander Rd.,
Ascot Vale (Melbourne)
VIC 3032

Contenido

¿Qué es el skateboarding?

En el deporte de la patineta ("*skateboarding*" o "*skating*") se realizan **trucos** (o movimientos acrobáticos) sobre una tabla con cuatro ruedas. Es un deporte **individual**, es decir que los patinadores no son parte de un equipo. Casi todos los patinadores se reúnen con amigos y realizan trucos para divertirse. A otros les gusta competir. Participan en competencias de patinetas para demostrar su talento y compararlo con el talento de los demás.

Competencias

Para las competencias, los patinadores combinan varios trucos en un **número** o **serie**. Los jueces les dan puntos por la dificultad y por la variedad de los trucos. También les quitan puntos si se caen de sus patinetas. En casi todas las competencias, los patinadores participan en los estilos **callejero** y **vertical**.

En la calle

El estilo callejero es exactamente eso: el que se practica en la calle. Para los trucos se usan obstáculos que uno encontraría en las calles, como los bancos o el borde de la acera. Este estilo también puede consistir sólo en volteretas y saltos sobre la calle.

Para arriba

El estilo vertical se llama así por la posición de los patinadores: ¡van para arriba! Los patinadores se deslizan de un lado al otro de **rampas** gigantescas para ganar velocidad. Al llegar al *coping* o borde de la rampa saltan y realizan sus trucos en el aire.

Comienzos estrechos

Las patinetas de las décadas de 1950 y 1960 se hacían muy angostas, para lograr mayor velocidad pero no para trucos. Casi todas las competencias eran carreras. A fines de la década de 1970, las patinetas comenzaron a ser mucho más anchas. Con su nueva forma, las tablas fueron más fáciles de dominar y nacieron los trucos con volteretas, saltos y giros. Hoy se fabrican patinetas muy resistentes para hacer una infinita cantidad de trucos.

Elementos fundamentales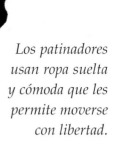

Antes de empezar a patinar, necesitas elementos clave. Por supuesto, ¡la patineta es lo primero! Un patinador también debe tener elementos de protección y ropa adecuada. El equipo debe quedarte bien y ser cómodo.

Casco y protectores

Un casco, coderas y rodilleras te ayudan a protegerte contra lesiones graves. Siempre debes usarlos para patinar. También puedes usar guantes para no rasparte las manos.

Alimentos y agua

Recuerda llevar agua y un bocadillo. Al patinar, sudarás y perderás mucha energía, por lo que es importante que comas algo para recuperar lo perdido. No comas demasiado rápido para evitar retortijones estomacales.

Calzado

Muchas empresas fabrican calzado especial para patinetas. Lo puedes comprar en tiendas de patinetas o de calzado deportivo. El calzado debe ser liviano y tener suela cuadriculada o con surcos para que se adhiera a la patineta y sostenga el talón con firmeza.

Los patinadores usan ropa suelta y cómoda que les permite moverse con libertad.

La tabla

La tabla de la patineta también se llama *deck*. Es rectangular con esquinas redondeadas. Cada extremo sube para formar lo que se conoce como *kicktails* o puntas. Las puntas facilitan los trucos en ambas direcciones. Casi todas las tablas tienen varias láminas o **capas** de madera. Las más comunes tienen unas 29 pulgadas (74 cm) de largo y 9 pulgadas (23 cm) de ancho.

Cubierta antideslizante

La cubierta antideslizante o lija se pone sobre la tabla para evitar los resbalones. La cara adhesiva se pega a la tabla. La cara rugosa (como una lija) "sujeta" la suela de tu calzado.

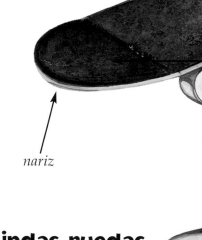

cubierta antideslizante

nariz

cola

puntas

Lindas ruedas

Los cojinetes son unas bolitas de metal dentro de la rueda que le permiten girar suavemente. Los más confiables y durables tienen doble blindaje. Hasta los mejores cojinetes se oxidan, por lo que debes evitar patinar en la lluvia.

tabla

eje

riel

rueda

Ejes

Los soportes de las ruedas se llaman **ejes**. Cada rueda está unida a su eje con una tuerca. Ajusta la tuerca de modo que la rueda no se deslice de un lado a otro, pero que gire con libertad.

Precalentamiento

Puede parecer extraño estirarse antes de una tarde de patineta, pero es una buena idea. El precalentamiento de tus músculos evita torceduras y esguinces dolorosos que pueden alejarte de tu tabla y dejarte en un sillón. Tómate cinco minutos para hacer estos sencillos ejercicios de estiramiento y estarás listo para empezar.

Zancadas

Párate con los pies separados a la anchura de los hombros. Dobla la rodilla izquierda hasta que sientas la tensión en la parte interna de tu pierna derecha. Sostén la tensión y cuenta hasta cinco. Enderézate y cambia de lado.

Estiramiento de cuádriceps

Párate sobre el pie izquierdo y usa la mano izquierda para apoyarte en una pared. Levanta el pie derecho por detrás hasta que lo puedas sujetar con tu mano derecha. Tira suavemente del pie hasta que sientas la tensión en la parte delantera de la pierna. Sostén la posición, cuenta hasta diez y luego estira la otra pierna.

Estiramiento del cuello

Es fácil lesionarse el cuello, así que haz los ejercicios de estiramiento con cuidado. Inclina la cabeza hacia delante para que el mentón toque el pecho. Después, gira lentamente la cabeza hacia un hombro y luego hacia el otro. No lleves la cabeza a una posición incómoda y nunca la gires hacia atrás.

Estiramiento de tobillos

Siéntate en el suelo con una pierna estirada. Dobla la otra y sujeta el pie. Gira el pie suavemente. Haz diez círculos hacia un lado y luego diez hacia el otro. ¡Recuerda cambiar de pierna!

Círculos con los brazos

Gira los brazos haciendo grandes círculos. Haz círculos cada vez más pequeños hasta que los brazos hagan círculos pequeñitos hacia los costados. Cambia de dirección, comenzando con círculos pequeños y termina con círculos gigantes.

Primeros pasos

Cuando tengas el equipo adecuado, puedes empezar a desplazarte en tu tabla. La clave es tomar las cosas con calma. No te sientas frustrado si no puedes hacer trucos increíbles las primeras semanas. Primero debes aprender a moverte y mantener el equilibrio en la tabla.

Nota: A veces es difícil controlar las patinetas. Suelen salirse de debajo de los pies. Siempre patina en lugares sin tránsito ni peatones.

Impulso

Para moverse, los patinadores ponen un pie en el suelo y con él se empujan para mover la tabla hacia delante. Esto se llama **impulso**.

1. Pon un pie sobre el eje delantero de la tabla, con los dedos hacia adelante. Pon el otro pie en el suelo, al costado de la tabla.

2. Dobla un poco las rodillas y empuja hacia atrás con el pie que está apoyado en el suelo. Levántalo, cambia el peso al pie apoyado en la tabla y busca el equilibrio.

3. Lleva tu pie hacia delante y vuelve a impulsarte con el suelo. Tomar impulso varias veces ayuda a ganar velocidad.

Deslizamiento

Cuando hayas ganado suficiente velocidad, puedes **deslizarte** (desplazarte en tu tabla sin tomar impulso). Para tener una posición adecuada, gira un poco el pie delantero para que el borde externo quede hacia delante. Al mismo tiempo, levanta el pie de impulso y ponlo sobre la tabla justo detrás del eje trasero. Mantén los brazos estirados por si necesitas más equilibrio.

Aprendiendo a ser goofy

Las personas diestras tienden a patinar con el pie izquierdo sobre la parte delantera de la tabla. El derecho lo usan para impulsarse y manejar la punta trasera. Los zurdos suelen usar el pie derecho como delantero. Esta posición se llama *goofy foot*. Al principio y cuando intentes nuevos trucos, usa como pie delantero el que te resulte más cómodo. Cuando tengas más experiencia, puedes aprender a patinar *switchstance* (con el otro pie adelante). Así podrás hacer trucos en cualquier dirección.

¿Qué dices?

Los patinadores hablan de *frontside* y *backside*. *Frontside* es el costado de la tabla que queda al mismo lado que tu pecho. Si normalmente llevas el pie derecho sobre la parte trasera, el lado derecho es tu *frontside*. Tu *backside* será el lado izquierdo (que queda a tu espalda). He aquí otros términos:

Giro *frontside*: Si el pie derecho es el trasero, haces un giro a la izquierda. Se llama giro "*frontside*" porque tu pecho queda hacia fuera cuando giras.

Giro *backside*: Si el pie derecho es el trasero, haces un giro a la derecha.

Mano de *frontside*: La mano que va sobre la cola de la tabla.

Mano de *backside*: La mano que va sobre la nariz de la tabla.

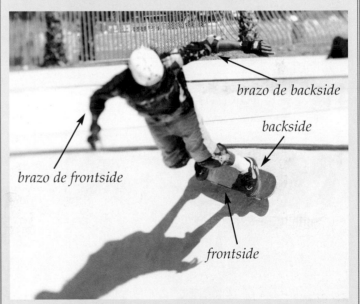

brazo de backside

backside

brazo de frontside

frontside

Si te resulta más cómodo llevar el pie izquierdo atrás, las direcciones serán las opuestas. Por ejemplo, un giro backside *será hacia la izquierda.*

Aunque el wheelie stop *desgasta la cola de la tabla, es la forma más común y útil de parar.*

No uses el skidding stop *cuando vayas muy rápido: es tan brusco que serás lanzado hacia delante y caerás de la tabla.*

¡Detente!

Después de aprender a moverte, ¡necesitas aprender a parar! Hay varias formas de parar, incluso arrastrando un pie en el suelo o bajando de la tabla. Las formas más precisas para detenerse son el *wheelie stop* y el *skidding stop*.

Empuja hacia abajo

Los *wheelie stops* se hacen empujando hacia abajo la cola de la tabla para que roce el piso hasta detener la patineta. Para ello, lleva tu pie trasero hacia la cola de la tabla y empuja hacia abajo. Cuando la tabla roce el suelo, usa los brazos para mantener el equilibrio. Conserva el peso centrado sobre la cola de la tabla.

¡Alto!

El *skidding stop* es más difícil que el *wheelie stop*, pero también más rápido. Para hacerlo, gira la tabla rápidamente hacia un costado para que las ruedas derrapen en el suelo. Gira todo el cuerpo para que el pecho quede hacia la dirección de movimiento. Cuando gires, empuja la tabla hacia abajo para que gire contigo. Inclina la parte superior del cuerpo hacia atrás y usa los brazos para equilibrarte.

Giros

Los ejes no sólo sostienen las ruedas: también permiten que la tabla gire. Cuando te inclinas hacia un costado, los ejes **pivotan** un poco (giran con tu peso). Permiten que la tabla gire en la dirección hacia donde te inclinas.

Antes de intentar un giro, párate sobre la tabla como cuando te deslizas. Inclínate hacia delante y luego hacia atrás. ¿Sientes cómo la tabla también se inclina? ¿Los ejes parecen demasiado ajustados o flojos? Si es así, debes regularlos. Sigue inclinándote hacia delante y hacia atrás hasta que te sientas cómodo y equilibrado sobre la tabla.

Cuando estés listo para girar, busca un lugar plano y abierto. Impúlsate varias veces para ganar velocidad. Inclínate frontside (hacia delante) y la tabla girará backside (hacia la derecha).

Ahora intenta inclinarte backside y harás un giro frontside (hacia la izquierda). Con un poco de práctica, este movimiento será natural.

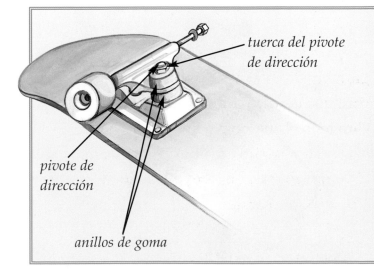

tuerca del pivote de dirección

pivote de dirección

anillos de goma

Ajuste de los ejes

Todo eje gira alrededor de un tornillo llamado **pivote de dirección**. Para protegerlo del desgaste, tiene dos **anillos de goma**. En el extremo del pivote de dirección hay una tuerca que presiona los anillos de goma. Si los ejes parecen muy ajustados, usa una llave inglesa para aflojar un poco esa tuerca. Si los ejes están muy flojos, aprieta la tuerca.

Kickturns

Si te inclinas, la tabla da un giro largo y abierto, pero hace falta mucho espacio para el giro. Los *kickturns* te permiten girar con la tabla en poco espacio porque son rápidos y cerrados. También puedes usarlos para avanzar sin necesidad de impulsarte con el pie en el suelo.

Rota y gira

Un *kickturn* comienza como un *wheelie stop*, pero sin ejercer tanta presión sobre la cola de la tabla. En cambio, subes un poco la nariz de la tabla, giras el cuerpo hacia el lado que desees y luego bajas la punta.

Cómo hacer kickturns

1. Para empezar a aprender *kickturns*, simplemente párate sobre la tabla. Pon el pie delantero sobre el eje delantero y el pie trasero en la cola de la tabla.

2. Desplaza el peso del cuerpo un poco hacia atrás y presiona la cola. Deja que la nariz se eleve sólo unas pulgadas. Comienza a girar la tabla guiando la nariz con el pie delantero. Al girar, rota el cuerpo de la cintura para abajo.

3. Cuando la tabla esté donde desees, desplaza el peso del cuerpo hacia delante y presiona la nariz. Ahora intenta un *kickturn* moviendo la cola de la tabla hacia delante.

Cuando tus kickturns *mejoren, toma impulso e intenta hacerlos en movimiento.*

Cómo desplazarse con kickturns

Para desplazarte con *kickturns*, empieza en una posición **estacionaria** o sin movimiento. Haz un *kickturn* corto y rápido en una dirección. Apenas termine el giro, haz otro *kickturn* en la dirección opuesta. Sigue girando hacia uno y otro lado, rotando la cintura cada vez. Verás que la tabla comienza a avanzar poco a poco.

Consulta el manual

En el *skateboarding*, un **manual** no es un libro, sino un truco. Para hacerlo, mantén el equilibrio sobre las ruedas traseras sin dejar que la cola de la tabla toque el suelo. Es fácil hacer manuales si sabes hacer *kickturns*, pero los **nose manuals** (equilibrarse sobre las ruedas delanteras) requieren mucha práctica. Aprender a hacer manuales te ayudará a tener más control de la tabla. Muchos profesionales avanzan con manuales para aumentar el grado de dificultad a sus trucos.

Para hacer un manual, carga el peso del cuerpo sobre el eje trasero y equilíbrate con los brazos.

En un nose manual, *coloca el pie delantero sobre la nariz de la tabla. Centra el cuerpo sobre el eje delantero.*

El ollie

El *ollie* es la base de casi todas las piruetas con patineta. Es como saltar con la patineta. Con los *ollies*, puedes saltar a o sobre diversos objetos, como aceras, barandas o cajas. Cuando domines los *ollies*, podrás usarlos como punto de partida para muchas otras piruetas (ver página 22).

El *ollie* es un doble movimiento rápido. Al principio es complicado, pero vale la pena. Primero pisa con fuerza la parte trasera y luego **nivela** la tabla. El *ollie* usa movimientos parecidos al *kickturn*, pero más rápidos y fuertes. Todo es importante: la posición de los pies, el equilibrio y la energía del salto.

Cómo hacer un ollie

1. Los *ollies* son difíciles si no estás en movimiento, así que toma impulso varias veces para lograr cierta velocidad. Luego prepara los pies. Pon el pie delantero un poco detrás del eje delantero y el pie trasero en la cola de la tabla. Agáchate un poco, como un resorte a punto de saltar.

2. ¡Salta y empuja hacia abajo! Cuando saltes, pon más peso sobre el pie trasero para despegar la cola de la tabla del suelo. La tabla saltará contigo.

3. Arrastra el pie delantero hacia delante sobre la tabla para nivelarla en el aire. Ahora prepárate para aterrizar. Si la tabla está nivelada, tendrás un aterrizaje plano.

Skateparks

Cuando te sientas cómodo haciendo *kickturns* y *ollies*, estarás listo para dejar las superficies planas y empezar con los obstáculos. Un ***skatepark*** (pista para patinetas) es el mejor lugar para ese desafío. Allí no hay autos ni peatones. Muchas ciudades tienen pistas bajo techo y al aire libre, llenas de obstáculos impresionantes para disfrutar al máximo.

Hay obstáculos de todas formas y tamaños, pero debes conocer los más comunes. Las **barras planas** o *flat bars* son franjas de metal angostas y elevadas. Los patinadores hacen ollies para subir a ellos y deslizarse longitudinalmente sobre los ejes o las tablas. Los ***funboxes*** son largos objetos de madera en forma de caja sobre los que los patinadores saltan y se deslizan.

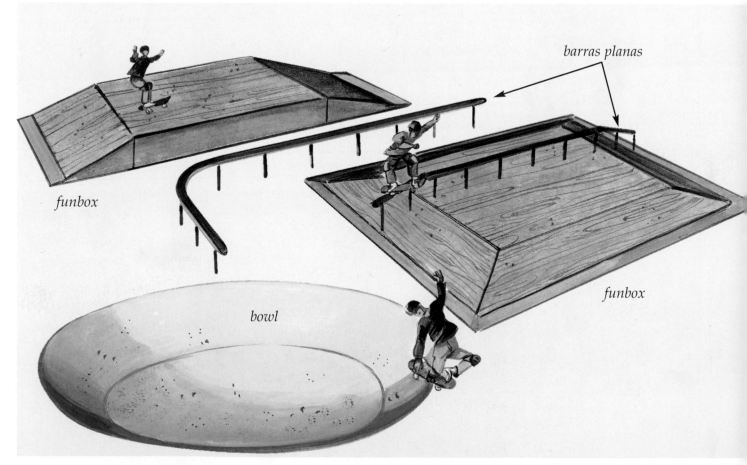

barras planas

funbox

bowl

funbox

Arriba y volando

Los *skateparks* tienen muchos tipos de rampas para patinar. Los **banks** son rampas con una pendiente gradual y uniforme. Ayudan a que los patinadores pesquen aire (se despeguen del suelo). Las rampas *quarter-pipe* (en forma de cuarto de un tubo) y *half-pipe* (en forma de medio tubo) tienen pendientes muy empinadas y curvas llamadas **transiciones**. Las rampas de tubo sirven para ganar velocidad rápidamente. Los patinadores se deslizan de un lado a otro en las rampas *half-pipe* para aumentar la velocidad. Así pueden hacer trucos en el aire en los dos extremos de las rampas.

¡Adopta un bowl!

Los *bowls* son similares a las rampas de tubo. Parecen tazones gigantes. Dentro de los *bowls*, los patinadores suben en la dirección que deseen. O bien pueden hacer *carve* (patinar sobre las paredes internas de los *bowls*). Las piscinas de concreto también se usan para patinar (¡después de sacar el agua!). Las piscinas son similares a los *bowls*, pero suelen ser más grandes y con formas particulares que son un mayor desafío.

piscina

quarter-pipe

half-pipe

Grinding y sliding

Los trucos de *grinding* y *sliding* son dos formas de deslizamiento. Para el *grinding*, arrastra los ejes metálicos de la patineta por un obstáculo. Para el *sliding*, deslizas la tabla a lo largo de un obstáculo. Los obstáculos suelen ser objetos largos, planos y angostos, como barras, rieles y bordes de aceras.

Hay todo tipo de trucos de *grinding* y *sliding*. Los trucos generalmente reciben el nombre de los obstáculos o de la parte de la tabla que se usa. Antes de intentar cualquiera de estos trucos, asegúrate de sentirte seguro y con dominio de la tabla. ¡Necesitas mucha velocidad para el *grinding* y *sliding*!

El 50-50 grind

El tipo de *grinding* más común es el **50-50 *grind***. En él, el *grinding* se hace en forma pareja sobre ambos ejes (50 por ciento sobre el delantero y 50 por ciento sobre el trasero). También se llama ***slappy grind***.

Para hacer un 50-50 grind *sobre una barra plana, avanza hacia el extremo. Cuando llegues, haz un* ollie *para subir a la barra. Mantén la vista en el obstáculo. Acomoda los pies en el aire para desplazar la tabla directamente sobre la barra y hacer el* grinding.

No necesitas hacer un ollie *para un 50-50* grind *sobre el borde de una acera. Acércate a la acera con un ángulo cerrado. Apenas llegues, inclínate para elevar un costado de la tabla. Luego golpea con los ejes contra el borde y haz el* grinding.

Nose grind

Acércate a la barra plana como para hacer un 50-50 *grind*, pero después de hacer un *ollie* en el aire, inclínate hacia delante sobre el pie delantero. Debes aterrizar sobre la barra con el eje delantero. Para **desmontar**, haz un *nollie* (cuando estés haciendo un *grind*, da un golpecito sobre la nariz de la tabla y salta de la barra).

nose grind

nose grind visto desde abajo

Nose slide

Acércate al costado de la barra plana y haz un *ollie* para subir a ella. En el aire, usa el pie delantero para girar la tabla y guiar la nariz sobre la barra. Mantén el peso equilibrado sobre el pie delantero cuando te deslices. Para desmontar, inclínate hacia abajo sobre la cola, gira las piernas para rotar la tabla, saltar de la barra plana y aterrizar.

Rail slide

Un *rail slide* también empieza con un *ollie*. Debes hacer un *ollie* alto y cruzar la barra plana lo suficiente para poner el centro de la tabla sobre ella. Los pies deben estar bien distribuidos: uno sobre cada eje. Mantén el peso directamente sobre el centro de la tabla cuando te deslices sobre la barra o el riel.

rail slide

rail slide visto desde abajo

Volteretas de tabla

Los trucos con voltereta de tabla o *flip tricks* son una gran parte del estilo callejero. Todos estos trucos comienzan igual: con *ollies*. Sin embargo, una vez que un patinador y su tabla están en el aire, el truco puede tomar cualquier dirección. El patinador decide cómo girar y voltear la tabla en el aire. Los siguientes trucos comunes te ayudarán a dar los primeros pasos.

kickflip

Kickflip

Este truco voltea la tabla debajo de ti. Cuando estés patinando, mueve los pies al centro de la tabla. Pon la punta del pie delantero debajo del riel *backside* de la tabla. Salta rápido y voltea la tabla con la punta del pie. Cuando vuelva a quedar al derecho, pon los pies sobre la tabla para aterrizar y seguir patinando.

Pop-shove-it

Esta prueba rota la tabla medio giro o un giro completo. Comienza con un *ollie*. Cuando empujes hacia abajo con el pie trasero, desplaza el extremo trasero de la tabla para que gire. Pon el pie trasero sobre la tabla y aterriza cuando el giro termine.

pop-shove-it

Inicio de descenso

Enfrentar las rampas y *bowls* de una pista genera tanto emoción como miedo. Antes de preocuparte por todos los trucos que harás en la rampa, debes aprender cómo hacer el ***drop in*** (comenzar en el borde de la rampa y bajar por la pendiente). No es tan fácil como suena, así que no te preocupes si te caes las primeras veces.

1. Calza el eje trasero contra el borde de la rampa. Carga el peso sobre el pie trasero en la cola de la tabla. Pon el pie delantero sobre el eje delantero pero no empujes hacia abajo.

2. Inclínate hacia delante y empuja hacia abajo con el pie delantero. Agáchate y conserva el equilibrio sobre la tabla.

3. Cuando estés bajando la rampa, enderézate un poco.

Sobre la rampa

Después de bajar la rampa, prueba los movimientos descritos aquí para que te acostumbres a tu nuevo entorno. Serán un desafío para tu equilibrio, pero son fáciles de aprender. Comienza con estos trucos sencillos para aumentar tu comodidad y gracia en las rampas. ¡Las piruetas realmente complicadas pueden esperar!

Fakie

Un *fakie* se hace deslizándose hacia arriba por la rampa con posición normal de pies y luego bajando con el pie opuesto delante. En otras palabras, bajas sin girar. ¿Parece simple? Lo es, pero si practicas *fakies*, mejorarás el equilibrio.

Kickturns en la rampa

Las rampas cambian hasta los movimientos más simples: todo es diferente cuando hay un ángulo. Cuando subas la rampa, trata de hacer un *kickturn* para bajar. Los movimientos son los mismos de un *kickturn* sobre el suelo plano, pero toma tiempo acostumbrarse al ángulo empinado. ¿Lo dominaste? Entonces prueba esto: un *fakie* al bajar un lado de la rampa y luego un *kickturn* en el otro lado.

Rock 'n' roll

El *rock 'n' roll* es un truco simple, pero se ve impresionante. Sube la rampa. Pon el pie delantero en la nariz de la tabla. Cuando llegues al borde de la rampa, empuja hacia abajo con el pie delantero. Equilibra el centro de la tabla en el borde de la rampa. Estira los brazos para equilibrarte. Mantén esa posición unos segundos. Para **salir**, haz un *kickturn* y baja la rampa, o pisa la cola de la tabla y haz un *drop in* con un *fakie*.

Grinding en el borde

Puedes hacer *grinding* y *sliding* en el borde de la rampa. Imagina que el borde es la acera y podrás ver cómo se hacen estas piruetas. Sin embargo, el equilibrio es un poco diferente que en una acera.

Cuando te acerques al borde de la rampa, inclínate un poco hacia atrás para girar la tabla y dejarla paralela al borde. La tabla subirá al borde.

Puedes hacer un 50-50 *grind* a lo largo del borde. Para desmontar, patea un poco la cola y haz un *kickturn* para bajar la rampa.

Aire

El objetivo del patinaje vertical es poner la tabla en el aire. Los **trucos aéreos** son unos de las más difíciles y apasionantes del *skateboarding*. Una vez que ganes confianza y equilibrio en el *half-pipe*, estarás listo para volar. La clave es la velocidad. Mientras más rápido te muevas por la rampa, más alto volarás.

Gana velocidad patinando de un lado a otro en un *half-pipe* o un *bowl*. Agáchate cuando bajes la rampa y enderézate un poco cuando subas por el otro lado. Al llegar al borde de la rampa, puedes hacer un *ollie* rápido para volar. Tú y la tabla volarán y quedarán suspendidos unos instantes en el aire antes de bajar a la rampa.

Antes de hacer cualquier truco, practica un poco los vuelos y aterrizajes seguros en la rampa. No hagas giros ni volteretas: sólo concéntrate en aterrizar. Después podrás agregar trucos.

Rotaciones

Las rotaciones o *spins* son parte importante de las piruetas aéreas. A menudo reciben el nombre de los **grados** de giro de la tabla. Por ejemplo, un giro de 360 grados es un giro completo o rotación. Se llama un **360°**. Un **180°**, o media rotación, se ilustra a la derecha. Para girar, gira el cuerpo al despegar de la rampa. Mantén una mano cerca de la tabla para ayudarla a girar.

Para hacer un backside *180°, este patinador usa la mano de* frontside *para sostener la tabla durante el giro.*

Usa la mano de backside *para equilibrarse cuando empieza el aterrizaje.*

Parada de manos

Los *handplants* combinan gracia y fuerza. Son paradas con una mano sobre o cerca del borde de la rampa. A la derecha se ilustra un *backside handplant.* Cuando llegues al borde de la rampa, inclínate hacia abajo y coloca la mano de *backside* en la rampa. Al mismo tiempo, toma el *frontside* de la tabla con la otra mano. Impulsa las piernas y la tabla hacia arriba sobre tu cabeza y mantén esa posición. Cae llevando las piernas hacia abajo y poniéndote de pie.

Utiliza la velocidad de ascenso por la rampa para impulsar las piernas hacia arriba. Mantén la posición todo el tiempo que puedas antes de bajar.

Sujeción de tabla

La cantidad de trucos con sujeción de tabla o *grab tricks* es infinita. En estos trucos, el patinador toma la tabla con una o dos manos cuando está en el aire. Puedes hacer *grab tricks* después de un *ollie* en una superficie plana, pero en una rampa vuelas más y estos trucos son más fáciles que en un *bowl* o *pipe*.

*El **indy air** (arriba) y el **melon air** (abajo) requieren flexibilidad, coordinación y reflejos rápidos.*

Grabs básicos

Los siguientes *grabs* son buenos puntos de partida. Cuando estés en el aire, toma la tabla con la mano adecuada (suéltala justo antes de tocar el piso). He aquí algunos ejemplos:

Nose: Toma la nariz de la tabla con la mano de *backside*.

Indy: Toma el *frontside* de la tabla con la mano de *frontside*.

Mute: Toma el *frontside* de la tabla con la mano de *backside* por encima de la rodilla.

Melon: Toma el *backside* de la tabla con la mano de *backside*.

Grabs complejos

Entonces, ¿los *grabs* básicos son demasiado fáciles? Por suerte, los *grabs* pueden ser tan difíciles como los imagines. Los *grabs* complejos incluyen aquellos con piernas encogidas, patadas y hasta separando la tabla del cuerpo.

Grabs con piernas encogidas

Japan air: Haz un *mute grab* (ver página 28) mientras doblas las piernas detrás del cuerpo.

Rocket air: Usa ambas manos para tomar la nariz de la tabla. Al mismo tiempo, mueve ambos pies hacia la cola. ¡Despega!

rocket air

Grabs con patada

Judo air: Toma el *backside* con la mano de *backside* y patea con el pie delantero hacia delante. Vuelve a poner el pie en la tabla y aterriza.

Frigid air: Este *grab* es igual al *judo air*, pero pateas con el pie delantero hacia atrás en lugar de hacia delante.

Airwalk: Éste es un *grab* de nariz con doble patada. El pie trasero patea como en *frigid* (hacia atrás). El pie frontal patea como en *judo* (hacia delante).

judo air

finger-flip air

Grabs con separación de tabla

Cross air: Toma la tabla como en estilo *indy* (ver página 28) y retírala de debajo del cuerpo. Endereza las piernas y estira los brazos para formar una cruz con el cuerpo. Luego vuelve a poner la tabla debajo de ti y aterriza. ¡Es muy difícil!

Finger-flip air: Usa un *nose grab* (ver página 28) y levanta las piernas despegándolas de la tabla. Voltea la tabla una vez, colócala bajo tus piernas y aterriza.

¡Ahora todo junto!

La meta final de aprender trucos es hacerlos en una serie llamada **combinación** o **combo**. En las competencias, los puntos por combos son importantes. Un combo puede incluir más de un truco en el aire. Por ejemplo, un *judo air* hecho al girar todo el cuerpo una vez sería un **360°** *judo air*.

Los combos también pueden ser una sucesión de trucos. Imagina este combo: un *ollie* en una barra plana y un 50-50 *grind* a lo largo de la barra. Al hacer un *ollie* para salir de la barra, haces un *kickflip* y aterrizas. Este combo sería un **50-50** *kickflip*.

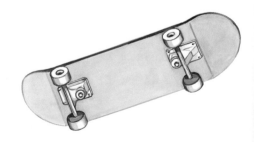

Los grandes patinadores pueden hacer un grab trick *seguido de un* kickflip *(¡todo antes de aterrizar!).*

Sal de apuros

Hay una sola cosa que no cambia en el *skateboarding*: todos se caen y lo hacen a menudo. ¡Hasta los profesionales se caen! Por ello, los protectores y los cascos son esenciales. Puedes prevenir lesiones si sabes como **salir de apuros** (escapar de truco fallido). Para salir de apuros puedes deslizarte o saltar.

salir de apuros con las rodillas

Apuros en rampas

Si sientes que pierdes el equilibrio en el borde de una rampa, puedes usar las rodillas para el descenso. ¡Por supuesto que esto funciona mejor con rodilleras! Simplemente cae sobre tus rodillas y levanta los brazos para equilibrarte mientras te deslizas hacia abajo. Otro método sencillo es bajarse de la tabla y descender por la rampa dando pasos de costado. Este método funciona mejor después de trucos fallidos, como *grinding* en el borde de la rampa.

salir de apuros con pasos de costado para bajar una rampa

Apuros en barras planas

Caer sobre una barra plana o un pasamano después de un *grinding* o *sliding* fallido puede doler mucho. Si pierdes el control durante el truco, salta a un costado de la barra, tan lejos como puedas.

saltar lejos de la barra plana

Glosario

Nota: es posible que las palabras en negrita que están definidas en el texto no aparezcan en el glosario.

backside Describe el lado de la tabla que queda detrás de ti cuando patinas, o un giro en el que la espalda queda hacia fuera

desmontar Bajarse de un obstáculo

frontside Describe el lado de la tabla que queda frente a ti cuando patinas, o un giro en el que el pecho queda hacia afuera

grado Una unidad usada para medir círculos. Un círculo tiene 360 grados

kickturn Giro cerrado que se hace pateando la cola de la tabla hacia abajo y pivotándola sobre las ruedas traseras

nivelar Hacer que la punta delantera y trasera de la tabla estén a la misma altura en el aire.

ollie Truco que se logra al hacer saltar la patineta en el aire

rampa Pendiente recta o curva que los patinadores suben y bajan para preparar y realizar sus trucos

salida Terminar un truco o salir de una posición al patinar

Índice

1 2 3 4 5 6 7 8 9 0 Impreso en Canadá 4 3 2 1 0 9 8 7 6 5